Dedication
To all those who ever struggled with learning a foreign language and to Wolfgang Karfunkel

Also by Yatir Nitzany

Conversational Spanish Quick and Easy

Conversational French Quick and Easy

Conversational Italian Quick and Easy

Conversational Portuguese Quick and Easy

Conversational German Quick and Easy

Conversational Dutch Quick and Easy

Conversational Norwegian Quick and Easy

Conversational Danish Quick and Easy

Conversational Russian Quick and Easy

Conversational Ukrainian Quick and Easy

Conversational Bulgarian Quick and Easy

Conversational Polish Quick and Easy

Conversational Hebrew Quick and Easy

Conversational Yiddish Quick and Easy

Conversational Armenian Quick and Easy

Conversational Arabic Quick and Easy

Conversational Brazilian-Portuguese Quick and Easy
The Most Innovative Technique to Learn the Portuguese Language

Part III

YATIR NITZANY

Translated by:
Gloria Carvalho-Lawerence

Interior Design:
Menachem Otto

Copyright © 2020
Yatir Nitzany
All rights reserved.
ISBN 13: 978-1-951244-55-2
Printed in the United States of America

Foreword

About Myself

For many years I struggled to learn Spanish, and I still knew no more than about twenty words. Consequently, I was extremely frustrated. One day I stumbled upon this method as I was playing around with word combinations. Suddenly, I came to the realization that every language has a certain core group of words that are most commonly used and, simply by learning them, one could gain the ability to engage in quick and easy conversational Spanish.

I discovered which words those were, and I narrowed them down to three hundred and fifty that, once memorized, one could connect and create one's own sentences. The variations were and are *infinite*! By using this incredibly simple technique, I could converse at a proficient level and speak Spanish. Within a week, I astonished my Spanish-speaking friends with my newfound ability. The next semester I registered at my university for a Spanish language course, and I applied the same principles I had learned in that class (grammar, additional vocabulary, future and past tense, etc.) to those three hundred and fifty words I already had memorized, and immediately I felt as if I had grown wings and learned how to fly.

At the end of the semester, we took a class trip to San José, Costa Rica. I was like a fish in water, while the rest of my classmates were floundering and still struggling to converse. Throughout the following months, I again applied the same principle to other languages—French, Portuguese, Italian, and Arabic, all of which I now speak proficiently, thanks to this very simple technique.

This method is by far the fastest way to master quick and easy conversational language skills. There is no other technique that compares to my concept. It is effective, it worked for me, and it will work for you. Be consistent with my program, and you too will succeed the way I and many, many others have.

Table of Contents

Introduction to the Program 9

Introduction to the Portuguese Language 11

Memorization Made Easy 13

The Program
- Office 15
- School 19
- Profession 23
- Business 25
- Sports 29
- Outdoor Activities 31
- Electric 33
- Tools 35
- Auto 37
- Nature 39
- Animals 43
- Religion 47
- Wedding and Relationship 51
- Politics 53
- Military 57

Basic Grammatical Requirements of the Portuguese Language 61

Conclusion 67

Note from the Author 68

Introduction to the Program

You have now reached Part 3 of Conversational Portuguese Quick and Easy. In Part 1 you learned the 350 words that could be used in an infinite number of combinations. In Part 2 you moved on to putting these words into sentences. You learned how to ask for help when your house was hit by a hurricane and how to find the emergency services. For example, if you need to go to a hospital, you have now been provided with sentences and the vocabulary for talking to doctors and nurses and dealing with surgery and health issues. When you get to the hospital, you can tell the health services, "The hurricane caused a lot of destruction and damage in its path," and "We used the hurricane shelter for refuge."

In this third book in the series, you will find the culmination of this foreign language course that is based on a system using key phrases used in day-to-day life. You can now move on to further topics such as things you would say in an office. This theme is ideal if you've just moved to Portuguese for a new job. You may be about to sit at your desk to do an important task assigned to you by your boss but you have forgotten the details you were given. Turn to your colleagues and say, "I have to write an important email but I forgot my password." Then, if the reply is "Our secretary isn't here today. Only the receptionist is here but she is in the bathroom," you'll know what is being said and you can wait for help. By the end of the first few weeks, you'll have at your disposal terminology that can help reflect your experiences. "I want to retire already," you may find yourself saying at coffee break on a Monday morning after having had to go to your bank manager and say, "I need a small loan in order to pay my mortgage this month."

I came up with the idea of this unique system of learning foreign languages as I was struggling with my own attempt to learn Portuguese. When playing around with word combinations I discovered 350 words that when used together could make up an infinite number of sentences. From this beginning, I was able to start speaking in a new language. I then practiced and found that I could use the same technique with other languages, such as French, Portuguese, Italian and Arabic. It was a revelation.

This method is by far the easiest and quickest way to master other languages and begin practicing conversational language skills.

The range of topics and the core vocabulary are the main components of this flawless learning method. In Part 3 you have a chance to learn how to relate to people in many more ways. Sports, for example, are very important for keeping healthy and in good spirits. The social component of these types of activities should not be underestimated at all. You will, therefore, have much help when you meet some new people, perhaps in a bar, and want to say to them, "I like to watch basketball games," and "Today are the finals of the Olympic Games. Let's see who wins the World Cup."

For sports, the office, and for school, some parts of conversation are essential. What happens when you need to get to work but don't have any clean clothes to wear because of malfunctions with the machinery. What you need is to be able to pick up the phone and ask a professional or a friend, "My washing machine and dryer are broken so maybe I can wash my laundry at the public laundromat." When you finally head out after work for some drinks and meet a nice new man, you can say, "You can leave me a voicemail or send me a text message."

Hopefully, these examples help show you how reading all three parts of this series in combination will prepare you for all you need in order to boost your conversational learning skills and engage with others in your newly learned language. The first two books have been an important start. This third book adds additional vocabulary and will provide the comprehensive knowledge required.

The Portuguese Language

Portuguese has over 200 million native speakers, and it is the sixth most common language in the world. The language originated from Latin roots and became popular after a Roman invasion of the western region of the Iberian Peninsula (the area known today as Portugal) during the third century BC. The incoming Romans blended their language with that of the natives, so Portuguese began to change. Traders of the time began to use the language, so it spread rapidly, making its way into Africa and Asia and eventually Brazil. In fact, before the language was officially modernized, it was quite unique. Today, there are more traces of Greek and Latin and fewer words from the original Portuguese language.

Memorization Made Easy

There is no doubt the three hundred and fifty words in my program are the required essentials in order to engage in quick and easy basic conversation in any foreign language. However, some people may experience difficulty in the memorization. For this reason, I created Memorization Made Easy. This memorization technique will make this program so simple and fun that it's unbelievable! I have spread the words over the following twenty pages. Each page contains a vocabulary table of ten to fifteen words. Below every vocabulary box, sentences are composed from the words on the page that you have just studied. This aids greatly in memorization. Once you succeed in memorizing the first page, then proceed to the second page. Upon completion of the second page, go back to the first and review. Then proceed to the third page. After memorizing the third, go back to the first and second and repeat. And so on. As you continue, begin to combine words and create your own sentences in your head. Every time you proceed to the following page, you will notice words from the previous pages will be present in those simple sentences as well, because repetition is one of the most crucial aspects in learning any foreign language. Upon completion of your twenty pages, *congratulations,* you have absorbed the required words and gained a basic, quick-and-easy proficiency and you should now be able to create your own sentences and say anything you wish in the Portuguese language. This is a crash course in conversational Brazilian Portuguese, and it works!

OFFICE - ESCRITÓRIO

Boss - (male) Chefe/ **(female)** chefa
Employee - Empregado/ **(female)** Empregada
Staff - Pessoal
Meeting - Reunião
Conference room - Sala de conferências
Secretary - Secretário, **(f)** secretária/ **Receptionist -** Recepcionista
Calendar - Calendário / **Schedule -** Programação / horário
Supplies - Suprimentos
Pen - Caneta / **Ink -** Tinta
Pencil - Lápis/ **Eraser -** Borracha
Desk - Secretária/ **Cubicle -** Cubículo
Chair - Cadeira
Office furniture - Móveis para escritório
Business card - Cartão de visita
Lunch break - Hora de almoço
Days off - Dias de folga
Briefcase - Maleta de mão / pasta
Bathroom - Banheiro

(Sentences formed from the words you just memorized)

My boss asked me to hand in the paperwork.
Meu chefe me pediu para entregar a papelada.
Our secretary isn't here today. The receptionist is here but she is in the bathroom.
Nossa secretária não está aqui hoje. A recepcionista está, mas ela está no banheiro.
The employee meeting can take place in the conference room.
A reunião dos funcionários pode ocorrer na sala de conferências.
My business cards are inside my briefcase.
Meus cartões de visita estão dentro da minha pasta.
The office staff must check their work schedule daily.
A equipe do escritório deve verificar seu horário de trabalho diariamente.
I am going to buy office furniture.
Eu vou comprar móveis de escritório.
There isn't any ink in this pen.
Não há tinta nesta caneta.
This pencil is missing an eraser.
Este lápis está sem a borracha.
Our days off are written on the calendar.
Nossos dias de folga estão escritos no calendário.
I need to buy extra office supplies.
Eu preciso comprar material extra de escritório.
I am busy until my lunch break.
Estou ocupado até a minha hora de almoço.

Laptop - Laptop
Computer - Computador
Keyboard - Teclado
Mouse - Mouse
Email - Correio eletrônico / email
Password - Senha
Attachment - Anexo
Printer - Impressora
Colored printer - Impressora colorida
To download - Para baixar
To upload - Para carregar
Internet - Internet
Account - Conta
A copy - Uma cópia/ **To copy -** Copiar
Cut and paste - Cortar e colar
Fax - Fax
Scanner - Escaner / **To scan -** Digitalizar
Telephone - Telefone
Charger - Carregador/ **To charge -** Carregar

I have to write an important email but I forgot my password for my account.
Tenho que escrever um e-mail importante, mas esqueci a senha da minha conta.
I need to purchase a computer, a keyboard, a printer, and a desk.
Preciso comprar um computador, um teclado, uma impressora e uma mesa.
Where is the mouse on my laptop?
Onde está o mouse no meu laptop?
The internet is slow today therefore it's difficult to upload or download.
A internet está lenta hoje, portanto, é difícil carregar ou baixar.
Do you have a colored printer?
Você tem uma impressora colorida?
I needed to fax the contract but instead, I decided to send it as an attachment in the email.
Eu precisava enviar o contrato por fax, mas decidi enviá-lo como anexo no email.
One day, the fax machine will be completely obsolete.
Um dia, o aparelho de fax ficará completamente obsoleto.
Where is my phone charger?
Onde está o meu carregador de telefone?
The scanner is broken.
O escaner está quebrado.
The telephone is behind the chair.
O telefone está atrás da cadeira.

Office

Shredder - Trituradora
Copy machine - Copiadora
Filing cabinet - Armário de arquivo
Paper - Papel / **Page** - Página
Paperwork - Papelada
Portfolio - Portfolio
Files - Arquivos
Document - Documento
Contract - Contrato
Records - Registros / **Archives** - Arquivos
Deadline - Prazo
Binder - Fichário
Paper clip - Clipe de papel
Stapler - Grampeador / **Staples** - Grambos
Mail - Correio
Letter - Carta / **Stamp** - Selo
Envelope - Envelope
Data - Dados
Analysis - Análise
Highlighter - Marca-texto / **To highlight** - Destacar
Marker - Marcador
Ruler - Régua

The supervisor at our company is responsible for data analysis.
O supervisor da nossa empresa é responsável pela análise dos dados.
The copy machine is next to the telephone.
A copiadora fica ao lado do telefone.
The ruler is next to the shredder.
A régua está próxima ao triturador.
I can't find my stapler, paper clips, nor my highlighter in my cubicle.
Não consigo encontrar meu grampeador, clipes de papel nem meu marcador no meu cubículo.
The filing cabinet is full of documents.
O armário de arquivos está cheio de documentos.
The garbage can is full of papers.
A lata de lixo está cheia de papéis.
Give me the file because today is the deadline.
Dê-me o arquivo, porque hoje é o prazo.
Where do I put the binder?
Onde coloco o fichário?
I need a stamp and an envelope.
Eu preciso de um selo e um envelope.
There is a letter in the mail.
Há uma carta no correio.

SCHOOL - ESCOLA

Student - Estudante
Teacher - Professor**, (f)** professora
Substitute teacher - Professor substituto **/ (f)** professor substituta
A class - Uma aula
A classroom - Uma sala de aula
Education - Educação
Private school - Escola particular
Public school - Escola pública
Elementary school - Ensino fundamental
Middle school - Ensino superior
High school - Ensino superior
University - Universidade**/ College -** Faculdade
Grade (level) **-** Nível**/ Grade** (grade on a test) **-** Nota
Pass - Passou
Fail - Reprovar
Absent - Ausente / **Present -** Presente

The classroom is empty.
A sala de aula está vazia.
I want to bring my laptop to class today.
Quero trazer meu laptop para a aula hoje.
Our math teacher is absent and therefore a substitute teacher replaced him.
Nosso professor de matemática está ausente e, portanto, um professor substituto o substituiu.
All the students are present.
Todos os alunos estão presentes.
Make sure to pass your classes because you can't fail this semester.
Certifique-se de passar nas aulas, porque você não pode ser reprovado neste semestre.
The education level at a private school is much more intense.
O nível de escolaridade de uma escola particular é muito mais intenso.
I went to a public elementary and middle school.
Eu frequentei uma escola pública de ensino fundamental e médio.
I have good memories of high school.
Eu tenho boas lembranças do ensino médio.
You must get good grades on your report card.
Você deve obter boas notas no boletim.
My son is in ninth grade.
Meu filho está na nona série.
College textbooks are expensive.
Os livros didáticos da faculdade são caros.
I want to study at an out-of-state university.
Eu quero estudar em uma universidade fora do estado.

Subject - Tema
History - História
Geography - Geografia
Science - Ciências
Chemistry - Química / **Physics** - Física
Math - Matemáticas
Addition - Somar / **Subtraction** - Substração
Division - Divisão / **Multiplication** - Multiplicação
Language - Língua
English - Inglês
Foreign language - Língua estrangeira
Physical education - Educação física
Chalk - Giz / **Board** - Quadro
Report card - Boletim de notas
Alphabet - Alfabeto / **Letters** - Letras / **Words** - Palavras
To review - Revisar
Dictionary - Dicionário
Detention - Detenção
The principle - O diretor da escola

At school, geography is my favorite subject, English is easy, math is hard, and history is boring.
Na escola, a geografia é minha matéria favorita, o inglês é fácil, a matemática é difícil e a história é chata.
After English class, there is physical education.
Depois da aula de inglês, há educação física.
Today's math lesson is on addition and subtraction. Next month it will be division and multiplication.
A lição de matemática de hoje é sobre soma e subtração. No próximo mês será divisão e multiplicação.
This year for foreign language credits, I want to choose Spanish and French.
Este ano, para créditos em língua estrangeiras, quero escolher espanhol e francês.
I want to buy a dictionary, thesaurus, and a journal for school.
Quero comprar um dicionário, um dicionário de sinônimos e um diário para a escola.
The teacher needs to write the homework on the board with chalk.
O professor precisa escrever a lição de casa no quadro com giz.
Today the students have to review the letters of the alphabet
Hoje os alunos têm que revisar as letras do alfabeto.
The teacher wants to teach roman numerals.
O professor quer ensinar números romanos.
If you can't behave then you must go to the principal's office, and maybe stay after school for detention.
Se você não consegue se comportar, deve ir ao escritório do diretor e talvez ficar depois da escola para detenção.

School

Test - Teste/ **Quiz** - Prova
Lesson - Lição / **Notes** - Notas
Homework - Lição de casa/ **Assignment** - Tarefa / **Project** - Projeto
Pencil - Lápis/ **Eraser** - Borracha / **Pen** - Caneta/ **Ink** - Tinta
Crayons - Lápis de cor / giz de cor
Backpack - Mochila
Book - Livro / **Folders** - Pastas/ **Notebook** - Caderno / **Papers** - Papéis
Calculator - Calculadora
Scissors - Tesouras
Glue - Cola / **Adhesive tape** - Fita adesiva
Lunchbox - Lancheira / **Lunch** - Almoço / **Cafeteria** - Cafeteria / lanchonete
Kindergarten - Jardim de Infância / **Pre-school** - Pré-escolar / **Day care** - Creche
Triangle - Triângulo/ **Square** - Quadrado/ **Circle** - Círculo

Today, we don't have a test but we have a surprise quiz.
Hoje, não temos um teste, mas temos um teste surpresa.
Are a pen, a pencil, and an eraser included with the school supplies?
Uma caneta, um lápis e uma borracha estão incluídos no material escolar?
I think my notepad and calculator are in my backpack.
Acho que meu bloco de notas e calculadora estão na minha mochila.
All my papers are in my folder.
Todos os meus papéis estão na minha pasta.
I need glue and scissors for my project.
Preciso de cola e tesoura para o meu projeto.
I need tape and a stapler to fix my book.
Preciso de fita adesiva e um grampeador para consertar meu livro.
You have to concentrate in order to take notes.
Você precisa se concentrar para fazer anotações.
The school librarian wants to invite the art and music teacher to the library next week.
O bibliotecário da escola quer convidar o professor de arte e música para a biblioteca na próxima semana.
For lunch, your children can purchase food at the cafeteria or they can bring food from home.
Para o almoço, seus filhos podem comprar comida na lanchonete ou podem levar comida de casa.
I forgot my lunchbox and crayons at home.
Esqueci minha lancheira e giz de cor em casa.
To draw shapes such as a triangle, square, circle, and rectangle is easy.
É fácil desenhar formas como triângulo, quadrado, círculo e retângulo.
During the week, my youngest child is at daycare, my middle one is in pre-school, and the oldest is in kindergarten.
Durante a semana, meu filho está na creche, meu filho do meio está na pré-escola e o mais velho está no jardim de infância.

PROFESSION - PROFISSÃO

Doctor - Médico/ **(f)** Médico / **Nurse** - Enfermeira/ **(f)** enfermera
Psychologist - Psicólogo, **(f)** psicóloga / **Psychiatrist** - Psiquiatra, **(f)** psiquiatra
Veterinarian - Veterinário/ **(f)** veterinaria
Lawyer - Advogado / **Judge** - Un Juiz/ **(f)** una juiza
Pilot - Piloto / **Flight attendant** - Comissária de bordo
Reporter - Repórter / **Journalist** - Journalista
Electrician - Eletricista/ **Mechanic** - Mecânico
Investigator - Investigador, **(f)** investigadora / **Detective** - Detetive
Translator - Tradutor/ **(f)** tradutora
Producer - Produtor/ **Director** - Diretor

What's your profession?
Qual é a sua profissão?
I am going to medical school to study medicine because I want to be a doctor.
Eu estou indo para a faculdade de medicina para estudar medicina, porque eu quero ser um médico.
There is a difference between a psychologist and a psychiatrist.
Há uma diferença entre um psicólogo e um psiquiatra.
Most children want to be astronauts, veterinarians, or athletes.
A maioria das crianças querem ser astronautas, veterinárias ou atletas.
The judge spoke to the lawyer at the court house.
O juiz falou com o advogado no tribunal.
The police investigator needs to investigate this case.
O investigador de polícia precisa investigar este caso.
Being a detective could be a fun job.
Ser um detetive pode ser um trabalho divertido.
The flight attendant and the pilot are on the plane.
A comissária de bordo e o piloto estão no avião.
I am a certified electrician.
Eu sou um eletricista certificado.
The mechanic overcharged me.
O mecânico me cobrou a mais.
I want to be a journalist.
Eu quero ser jornalista.
The best translators work at my company.
Os melhores tradutores trabalham na minha empresa.
Are you a photographer?
Você é um fotógrafo?
The author wants to hire a ghostwriter to write his book.
O autor quer contratar um escritor fantasma para escrever seu livro.
I want to find the directors of the company.
Eu quero encontrar os diretores da empresa.

Artist (performer) - Artista / **Artist** (draws paints picture) - Pintor
Author - Autor / **(f)** autora
Painter - Pintor / **(f)** pintora
Dancer - Dançarina
Writer - Escritor / **(f)** escritora
Photographer - Fotógrafo/ **(f)** fotógrafa
A cook - Um cozinheiro / **(f)** um cozinheira
Waiter - Garçom/ **(f)** garçonete
Bartender - Barman
Barber - Barbeiro/ **Barber shop** - Barbearia
Stylist - Estilista
Maid - Empregada doméstica
Caretaker - Acompanhante
Farmer - Agricultor
Gardner - Jardineiro
Mailman - Carteiro
A guard - Um guarda
A cashier - Caixa

The artist drew a sketch.
O artista desenhou um esboço.
The artist produced this artwork for her catalog.
A artista produziu esta obra para seu catálogo.
I want to apply as a cook at the restaurant instead of as a waiter.
Quero me inscrever como cozinheira no restaurante, e não como garçom.
The gardener can only come on weekdays.
O jardineiro só pode vir durante a semana.
I have to go to the barbershop now.
Eu tenho que ir à barbearia agora.
Being a bartender isn't an easy job.
Ser um barman não é uma tarefa fácil.
Why do we need another maid?
Por que precisamos de outra empregada?
I need to file a complaint against the mailman.
Preciso registrar uma queixa contra o carteiro.
I am a part-time painter.
Eu sou um pintor a meio tempo.
She was a dancer at the play.
Ela era dançarina na peça.
You need to contact the insurance company if you want to find another caretaker.
Você precisa entrar em contato com a companhia de seguros se quiser encontrar outro acompanhante.
The farmer can sell us ripened tomatoes today.
O agricultor pode nos vender hoje tomates maduros.

BUSINESS - NEGÓCIOS

A business - Um negócio / **Company** - Empresa / **Factory** - Fábrica
Position - Posição / **Work, job** - Trabalho, emprego/ **A professional** - Um profissional
Employee - Empregado/ (f) Empregada
Manager - Gerente/ **Management** - Gerenciamento, administração, gerência
Owner - Proprietário, (f) proprietária
Secretary - Secretário / (f) secretária
An interview - Uma entrevista
Résumé - Currículo
Presentation - Apresentação
Specialist - Especialista
To hire - Contratar / **To fire** - Despedir
Pay check - Cheque de pagamento / **Income** - Renda/ **Salary** - Salário
Insurance - Seguros / **Benefits** - Benefícios
Trimester - Trimestre / **Budget** - Orçamento
Net - Líquido / **Gross** - Bruto
To retire - Aposentar-se / **Pension** - Pensão

I need a job.
Eu preciso de um emprego.
She is the secretary of the company.
Ela é a secretária da empresa.
The manager needs to hire another employee.
O gerente precisa contratar outro funcionário.
I am lucky because I have an interview for a cashier position today.
Tenho sorte porque hoje tenho uma entrevista para uma posição de caixeiro.
How much is the salary and does it include benefits?
Quanto é o salário e inclui benefícios?
Management has your résumé and they need to show it to the owner of the company.
A gerência possui seu currículo e eles precisam mostrá-lo ao proprietário da empresa.
I am at work at the factory now.
Agora estou trabalhando na fábrica.
In business, you should be professional.
Nos negócios, você deve ser profissional.
Is the presentation ready?
A apresentação está pronta?
The first trimester is part of the annual budget.
O primeiro trimestre faz parte do orçamento anual.
I have to see the net and gross profits of the business.
Eu tenho que ver os lucros líquidos e brutos do negócio.
I want to retire already.
Eu já quero me aposentar.

Client - Cliente
Broker - Corretor / **(f)** Corretora
Salesperson - Vendedor/ **(f)** vendedora
Realtor - Corretor de imóveis / **(f)** corretora de imóveis
Real estate - Imóveis / **Real estate agency** - Agência imobiliária
A purchase - Uma compra / **A lease** - Contrato de aluquel / **To lease** - Alugar
To invest - Inversão / **Investment** - Inversão / **Investor** - Investidor
Economy - Economia
Mortgage - Hipoteca / **A loan** - Um empréstimo
Interest rate - Taxa de juros / **Commission** - Comissão / **Percent** - Porcentagem
Value - Valor / **A sale** - Uma venda / **Profit** - Lucro
Landlord - Proprietário, **(f)** Proprietária/ **Tenant** - Inquilino, **(f)** inquilina
The demand - A demanda / **The supply** - A oferta
A contract - Um contrato / **Terms** - Termos
Signature - Assinatura/ **Initials** - Stet
Stocks - Ações/ **Stock broker** - Corretor da bolsa
Advertisement - Publicidade/ **Ads** - Anúncios

I can earn a huge profit from stocks.
Eu posso obter um lucro enorme com as ações.
The demand in the real estate market depends on the economy.
A demanda no mercado imobiliário depende da economia.
If you want to sell your home, I can recommend a very good realtor.
Se você quiser vender sua casa, posso recomendar um corretor de imóveis muito bom.
The investor wants to invest in this shopping center because he says it has good potential.
O investidor quer investir nesse shopping porque diz que tem um bom potencial.
The value of the property increased by twenty percent.
O valor da propriedade aumentou 20%.
How much is the commission on the sale?
Quanto custa a comissão pela venda?
The client wants to lease instead of purchasing the property.
O cliente deseja alugar em vez de comprar o imóvel.
What are the terms of the purchase?
Quais são os termos da compra?
I can negotiate a better interest rate.
Eu posso negociar uma melhor taxa de juros.
I need a small loan in order to pay my mortgage this month.
Preciso de um pequeno empréstimo para pagar minha hipoteca este mês.
I need a signature and an initial on the contract.
Eu preciso de uma assinatura e uma stet no contrato.
My position in the company is marketing and I am responsible for advertising and ads.
Minha posição na empresa é marketing e sou responsável por publicidade e anúncios.

Business

Money - Dinheiro
Currency - Moeda
Cash - Espécime / **Coins** - Moedas
Change (change for a bill) - Troco
Credit - Crédito
Tax - Imposto
Price - Preço
Invoice - Fatura
Inventory - Inventário
Merchandise - Mercadoria
A refund - Um reembolso
Product - Produto
Produced - Produzido
Retail - Varejo
Wholesale - Venda por atacado
Imports - Importação/ **Exports** - Exportação
To ship - Enviar / **Shipment** - Remessa

Don't forget to bring cash with you.
Não se esqueça de trazer dinheiro em espécime com você.
Do you have change for a $100 bill?
Você tem troco para uma nota de US $ 100?
I don't have a credit card.
Eu não tenho cartão de crédito.
The salesperson told me there is no refund.
O vendedor me disse que não há reembolso.
This product is produced in Italy.
Este produto é produzido na Itália.
I work in the export/import business.
Eu trabalho no negócio de exportação / importação.
Let me check my inventory.
Deixe-me verificar meu inventário.
This product is covered by insurance.
Este produto é coberto pelo seguro.
This invoice contains a mistake.
Esta fatura contém um erro.
What is the wholesale and retail value of this shipment?
Qual é o valor de atacado e varejo dessa remessa?
You don't have enough money to purchase the merchandise.
Você não tem dinheiro suficiente para comprar a mercadoria.
How much does the shipping cost and is it in US currency?
Quanto custa o frete e está na moeda dos EUA?
There is a tax exemption on this income.
Há uma isenção de imposto sobre essa renda.

SPORTS - ESPORTES

Basketball - Basquete / **Soccer -** Futebol / **Baseball -** Beisebol
Game - Jogo/ **Stadium -** Estádio / **Ball -** Pelota
Player - Jogador/ **(f)** jogadora
To jump - Pular/ **To throw -** Jogar
To kick - Chutar/ **To catch -** Pegar
Coach - Treinador/ **(f)** treinadora/ **Referee -** Árbitro
Competition - Competição
Team - Equipe / **Teammate -** Companheiro de equipe
National team - Seleção nacional
Opponent - Adversário
Half time - Intervalo/ **Finals -** Finais
Score - Pontuação/ **Scores -** Pontuações
Goal - Objetivo / **The goal -** O gol
To lose - Perder / **A Defeat -** A Derrota
To win - Ganhar/ **A victory -** Uma vitória
The looser - O perdedor / **The winner -** O vencedor
Fans - Aficionados, Fãs
Field - Campo
Helmet - Capacete / **A whistle -** Um apito
Penalty - Penalidade
Basket - Cesta

I like to watch basketball games.
Eu gosto de assistir jogos de basquete.
Soccer is my favorite sport.
O futebol é meu esporte favorito.
I have tickets to a football game at the stadium.
Eu tenho ingressos para um jogo de futebol no estádio.
To play basketball, you need to be good at shooting and jumping.
Para jogar basquete, você precisa ser bom em atirar e pular.
The national team has a lot of fans.
A equipe nacional tem muitos fãs.
My teammate can't find his baseball helmet.
Meu companheiro de equipe não consegue encontrar o capacete de beisebol.
The coach needs to bring his team today to meet the new referee.
O treinador a equipe estavam no campo durante o intervalo.
Our opponents went home after their defeat.
Nossos oponentes foram para casa após a derrota.
The player received a penalty for kicking the ball in the wrong goal.
O jogador recebeu uma penalidade por chutar a bola no gol errado.
Not every person likes sports.
Nem toda pessoa gosta de esportes.

Athlete - Atlet, **(f)** Atleta / **Olympics** - Jogos Olímpicos / **World cup** - Copa do Mundo
Bicycle - Bicicleta / **Cyclist** - Ciclista / **Swimming** - Natação
Wrestling - Luta livre / **Boxing** - Boxe / **Martial arts** - Artes marciais
Championship - Campeonato / **Award** - Prêmio / **Tournament** - Torneio
Horse racing - Corridas de cavalos / **Racing** - Corridas
Pool (billiards) - Bilhar / **Pool** (swimming pool) - Piscina
Exercise - Exercício / **Fitness** - Estaremformal / condicionamento físico
Gym - Academia / **Track** - Faixa, pista
Captain - Capitão / **Judge** - Juiz, **(f)** juiza
A match - Uma partida / **Rules** - Regras / **Trainer** - Treinador / **(f)** treinadora
Skating - Patinação

Today are the finals for the Olympic Games.
Hoje são as finais dos Jogos Olímpicos.
Let's see who wins the World Cup.
Vamos ver quem ganha a Copa do Mundo.
I want to compete in the cycling championship.
Eu quero competir no campeonato de ciclismo.
I am an athlete so I must stay in shape.
Como sou atleta, devo ficar em forma.
After my boxing lesson, I want to go and swim in the pool.
Depois da minha aula de boxe, quero nadar na piscina.
He will receive an award because he is the winner of the martial-arts tournament.
Ele receberá um prêmio por ser o vencedor do torneio de artes marciais.
The wrestling captain must teach his team the rules of the sport.
O capitão de luta livre deve ensinar à sua equipe as regras do esporte.
At the horse-racing competition, the judge couldn't announce the score.
Na competição de corridas de cavalos, o juiz não pôde anunciar o placar.
There is a bicycle race at the park today.
Hoje há uma corrida de bicicleta no parque.
This fitness program is expensive.
Este programa de condicionamento físico é caro.
It's healthy to go to the gym every day.
É saudável ir à academia todos os dias.
Weightlifting is good exercise.
Halterofilismo é um bom exercício.
I want to run on the track today.
Eu quero correr na pista hoje.
I like to win in billiards.
Eu gosto de ganhar no bilhar.
Skateboarding is forbidden here.
O skate está proibido aqui.
Skating is much easier than it seems.
Patinar é muito mais fácil do que parece.

OUTDOOR ACTIVITIES - ATIVIDADES AO AR LIVRE

Hiking - Caminhadas
Hiking trail - Pista de caminhada
Pocket knife - Canivete
Compass - Bússola
Camping - Campismo / **Campground -** Acampamento
Tent - Tenda
RV - Casa rodante
Campfire - Fogueira de acampamento
Matches - Jogos/ **Lighter -** Isqueiro
Coal - Carvão
Flame - Chama
The smoke - A fumaça
Fishing / to fish - Pescar
Fishing pole - Vara de pesca / **Fishing line -** Linha de pesca
Hook - Gancho / **A float -** Flotador / **A weight -** Um peso / **Bait -** Isca
Fishing net - Rede de pesca
To hunt - Caçar
Rifle - Fuzil

I enjoy hiking on the trail, with my compass and my pocketknife.
Gosto de caminhar na trilha, com minha bússola e meu canivete.
Don't forget the water bottle in your backpack.
Não esqueça a garrafa de água na sua mochila.
There aren't any tents at the campground.
Não há tendas no acampamento.
I want to sleep in an RV instead of a tent.
Eu quero dormir em um trailer em vez de em uma barraca.
We can use a lighter to start a campfire.
Podemos usar um isqueiro para iniciar uma fogueira.
We need coal and matches for the camping trip.
Precisamos de carvão e fósforos para o acampamento.
Put out the fire because the flames are very high and there is a lot of smoke.
Apague o fogo porque as chamas são muito altas e há muita fumaça.
There is fog outside and the temperature is below freezing.
Há neblina lá fora e a temperatura está abaixo de zero.
Where is the fishing store? I need to buy hooks, fishing line, bait, and a net.
Onde fica a loja de pesca? Preciso comprar anzóis, linha de pesca, isca e uma rede.
You can't bring your fishing pole or your hunting rifle to the campground of the State Park because there is a sign there which says, "No fishing and no hunting."
Você não pode levar sua vara de pescar ou seu rifle de caça para o acampamento do Parque Estadual, porque há uma placa dizendo: "Proibido pescar e não caçar."

Sailing - Navegação
A sail - Uma vela
Sailboat - Veleiro
Rowing - Remo
A paddle - Um remo
Motor - Motor
Canoe - Canoa
Kayak - Caiaque
Rock climbing - Escalada de rocha
Horseback riding - Cavalgadas
Diver - Mergulhador/ **(f)** mergulhadora
Scuba diving - Mergulho
Skydiving - Paraquedismo
Parachute - Pára-quedas
Paragliding - Parapente
Hot air balloon - Balão de ar quente
Kite - Pipa
Surfing - Surf
Surf board - Prancha de surf
Skiing - Esqui **/ Ice skating -** Patinação no gelo

With a broken motor, we need a paddle to row the boat.
Com um motor quebrado, precisamos de uma raquete para remar o barco.
It's important to know how to use a sail before sailing on a sailboat.
É importante saber como usar uma vela antes de navegar em um veleiro.
In my opinion, a kayak is much more fun than a canoe.
Na minha opinião, um caiaque é muito mais divertido do que uma canoa.
Do I need to bring my scuba certification in order to scuba dive at the reef?
Preciso trazer minha certificação de mergulho para mergulhar no recife?
I have my mask, snorkel, and fins.
Eu tenho minha máscara, snorkel e nadadeiras.
I don't know which is scarier, sky diving or paragliding.
Não sei o que é mais assustador, paraquedismo ou parapente.
There are several outdoor activities here including rock climbing and horseback riding.
Existem várias atividades ao ar livre aqui, incluindo escalada e passeios a cavalo.
My dream was always to fly in a hot-air balloon.
Meu sonho sempre foi voar em um balão de ar quente.
We are going skiing on our next vacation.
Vamos esquiar nas próximas férias.
Where is the surfboard? I want to surf the waves at the beach tomorrow.
Onde está a prancha? Eu quero surfar as ondas na praia amanhã.
Ice skating is fun.
Patinar no gelo é divertido.

ELECTRICAL DEVICES - DISPOSITIVOS ELÉTRICOS

Electric - Elétrico / **Electricity** - Eletricidade / **Electronic** - Eletrônica
Appliance - Aparelho
Oven - Forno / **Stove** - Fogão
Microwave - Microondas
Refrigerator - Geladeira/ **Freezer** - Congelador
Coffee maker - Cafeteira / **Coffee pot** - Cafeteira
Toaster - Torradeira
Dishwasher - Lava-louças
Laundry machine - Máquina de lavar roupa / **Laundry** - Lavanderia
Dryer - Secadora
Fan - Ventilador / **Air condition** - Ar condicionado
Alarm - Alarme
Smoke detector - Detector de fumaça
Remote control - Controle remoto
Battery - Bateria

He needs to pay his electric bill if he wants electricity.
Ele precisa pagar sua conta de eletricidade se quiser eletricidade.
I need to purchase a few things at the electronic store and at the appliance store tomorrow.
Preciso comprar algumas coisas na loja de eletrônicos e na loja de eletrodomésticos amanhã.
I can't put plastic utensils in the dishwasher.
Não colocar utensílios de plástico na máquina de lavar louça.
I am going to get rid of my microwave and oven because they are not functioning.
Vou jogar fora o microondas e o forno porque eles não estão funcionando.
The refrigerator and freezer aren't cold enough.
A geladeira e o freezer não estão frios o suficiente.
The coffee maker and toaster are in the kitchen.
A cafeteira e a torradeira estão na cozinha.
My washing machine and dryer do not function therefore I must wash my laundry at the public laundromat.
Minha máquina de lavar e secar roupa não funciona, portanto, devo lavar minhas roupas na lavanderia pública.
Is this fan new?
Este ventilador é novo?
Unfortunately, the new air conditioner unit hasn't been delivered yet.
Infelizmente, a nova unidade de ar condicionado ainda não foi entregue.
Is that annoying sound the alarm clock or the fire alarm?
Esse som irritante é do despertador ou do alarme de incêndio?
The smoke detector needs new batteries.
O detector de fumaça precisa de pilhas novas.

Lamp - Lâmpada
Stereo - Estéreo
A clock / a watch - Um relógio
Vacuum cleaner - Aspirador
Phone - Telefone
Text message - Mensagem de texto / **Voicemail** - Correio de voz
Camera - Câmera
Flashlight - Lanterna
Light - Luz
Furnace - Forno / **Heater** - Aquecedor
Cord - Cabo / **Charger** - Carregador / **Outlet** - Tomada
Headsets - Fones de ouvido
Door bell - Campainha
Lawn mower - Cortador de grama

The clock is hanging on the wall.
O relógio está pendurado na parede.
The cordless stereo is on the table.
O aparelho de som sem fio está sobre a mesa.
I still have a home telephone.
Eu ainda tenho um telefone residencial.
I need to buy a lamp and a vacuum cleaner today.
Preciso comprar uma lâmpada e um aspirador hoje.
In the past, cameras were more common. Today, everyone can use their phones to take pictures.
No passado, as câmeras eram mais comuns. Hoje, todos podem usar seus telefones para tirar fotos.
You can leave me a voicemail or send me a text message.
Você pode me deixar uma mensagem de voz ou me enviar uma mensagem de texto.
The lights don't function when there is a blackout therefore I must rely on my flashlight.
As luzes não funcionam quando há um apagão, portanto, devo confiar na minha lanterna.
I can't hear the doorbell.
Não consigo ouvir a campainha.
There is a higher risk of causing a house fire from an electric heater than a furnace.
Existe um risco maior de causar incêndio na casa por um aquecedor elétrico do que por um forno.
I need to connect the cord to the outlet.
Preciso conectar o cabo à tomada.
His lawnmower is very noisy.
O cortador de grama é muito barulhento.
Why is my headset on the floor?
Por que meu fone de ouvido está no chão?

TOOLS - FERRAMENTAS

Carpenter - Carpinteiro
Hammer - Martelo / **Saw** - Serra / **Axe** - Machado
A drill - Furadeira/ **To drill** - Furar
Nail - Prego / **A screw** - Um parafuso
Screwdriver - Chave de fenda
Wrench - Chave / **Pliers** - Alicates
Paint brush - Pincel / **To paint** - Pintar/ **The paint** - A pintura
Ladder - Escada
Rope - Corda / **String** - Corda
A scale - Uma escala / **Measuring tape** - Fita métrica
Machine - Máquina
A lock - Uma fechadura/ **Locked** - Trancada/ **To lock** - Trancar
Equipment - Equipamento
Metal - Metal / **Steel** - Aço/ **Iron** - Ferro
Broom - Vassoura
Dust pan - Reservatório de pó
Mop - Esfregona
Bucket - Balde/ **Sponge** - Esponja
Shovel - Pá / **A trowel** - Espátula

The carpenter needs nails, a hammer, a saw, and a drill.
O carpinteiro precisa de pregos, um martelo, uma serra e uma furadeira.
The string is very long. Where are the scissors?
O cordão é muito longo. Onde estão as tesouras?
The screwdriver is in the toolbox.
A chave de fenda está na caixa de ferramentas.
This tool can cut through metal.
Esta ferramenta pode cortar metal.
The ladder is next to the tools.
A escada está ao lado das ferramentas.
I must buy a brush to paint the walls.
Preciso comprar um pincel para pintar as paredes.
The paint bucket is empty
O balde de tinta está vazio.
It's better to tie the shovel with a rope in my truck.
É melhor amarrar a pá com uma corda no meu caminhão.
How can I fix this machine?
Como posso consertar esta máquina?
The broom and dust pan are with the rest of my cleaning equipment.
A vassoura e a bandeja de pó estão com o resto do meu equipamento de limpeza.
Where did you put the mop and the bucket?
Onde você colocou a esfregona e o balde?

CAR - CARRO / AUTOMÓVEL

Engine - Motor
Ignition - Ignição
Steering wheel - Volante
Automatic - Automático
Manual - Manual
Gear shift - Troca de marchas / mudança de marchas
Seat - Assento
Seat belt - Cinto de segurança
Airbag - Bolsa de ar
Brakes - Freios
Hand brake - Freio de mão
Baby seat - Assento de bebê
Driver seat - Banco do condutor
Passenger seat - Banco de passageiro
Front seat - Banco da frente
Back seat - Banco traseiro
Car passenger - Automóvel
Warning light - Luz de aviso
Button - Botão
Horn (of the car) **-** Buzina

When driving, both hands must be on the steering wheel.
Ao dirigir, as duas mãos devem estar no volante.
I must take my car to my mechanic because there is a problem with the ignition.
Devo levar meu carro ao meu mecânico, porque há um problema com a ignição.
What's happened to the engine?
O que aconteceu com o motor?
The seat is missing a seat belt.
Está faltando um cinto no banco.
I prefer a gear shift instead of an automatic car.
Eu prefiro uma mudança de marchas em vez de um carro automático.
The brakes are new in this vehicle
Os freios são novos neste veículo.
This vehicle doesn't have a hand break.
Este veículo não possui freio de mão.
There is an airbag on both the driver side and the passenger side.
Há uma bolsa de ar no lado do motorista e no passageiro.
The baby seat is in the back seat.
O assento do bebê está no banco de trás.
The warning light button is located next to the stirring wheel.
O botão da luz de aviso está localizado do lado do ao volante.

Windshield - Pára-brisa
Windshield wiper - Limpador de pára-brisa
Windshield fluid - Líquido de pára-brisa
Rear view mirror - Espelho retrovisor
Door handle - Maçaneta para portas
Spare tire - Pneu sobresselente
Trunk - Porta malas
Hood (of the vehicle) - Capô
Side mirror - Espelho lateral
Alarm - Alarme
Window - Janela
Drive license - Carteira de motorista
License plate - Matrícula
Gas - Gás
Low fuel - Baixo combustível
Flat tire - Pneu furado
Crowbar - Pé-de-cabra
A jack - Um macaco
A lock - Uma fechadura
Locked - Trancado
To lock - Para trancar

The windshield and all four of my car windows are cracked.
O para-brisa e todas as quatro janelas do meu carro estão rachadas.
I want to clean my rear-view mirror and my side mirrors.
Quero limpar meu espelho retrovisor e meus espelhos laterais.
My car doesn't have an alarm.
Meu carro não tem alarme.
Does this car have a spare tire in the trunk?
Este carro tem um pneu sobressalente no porta-malas?
Please, close the car door.
Por favor, feche a porta do carro.
Where is the nearest gas station?
Onde está o posto de gasolina mais próximo?
The windshield wipers are new.
Os limpadores de pára-brisa são novos.
The door handle on the driver's side is broken.
A maçaneta da porta do lado do motorista está quebrada.
Your license plate has expired.
Sua placa expirou.
I need to renew my driving license today.
Preciso renovar minha carteira de motorista hoje.
Are the car doors locked?
As portas do carro estão trancadas?

NATURE - NATUREZA

A plant - Uma planta
Forest - Floresta
Wood - Madeira
Tree - Árvore / **Trunk -** Tronco / **Branch -** Galho / **Leaf -** Folha / **Root -** Raiz
Rain forest - Floresta tropical / **Tropical -** Tropical
Palm tree - Palmeira
Flowers - Flores / **Petal -** Pétala / **Blossom -** Florescendo
Stem - Caule / **Seed -** Semente
Nectar - Néctar / **Pollen -** Pólen
Rose - Rosa
Vegetation - Vegetação / **Bush -** Arbusto
Grass - Grama
Season - Temporada
Spring - Primavera / **Summer -** Verão
Winter - Inverno / **Autumn -** Outono

I want to collect a few leaves during the fall.
Eu quero coletar algumas folhas durante o outono.
There aren't any plants in the desert during this season.
Não há plantas no deserto durante esta temporada
The trees need rain.
As árvores precisam de chuva.
The trunk, the branches, and the roots are all parts of the tree.
O tronco, os galhos e as raízes são todas partes da árvore.
Palm trees can only grow in a tropical climate.
As palmeiras só podem crescer em clima tropical.
My rose bushes are beautiful.
Minhas roseiras são lindas.
Where can I plant the seeds?
Onde posso plantar as sementes?
I must cut the grass and vegetation in my garden.
Eu devo cortar a grama e a vegetação no meu jardim.
The rain forest is a nature preserve.
A floresta tropical é uma reserva natural.
I am allergic to pollen.
Eu sou alérgico ao pólen.
The orchid needs to bloom because I want to see its beautiful petals.
A orquídea precisa florescer porque quero ver suas lindas pétalas.
Is the nectar from the flower sweet?
O néctar da flor é doce?
Be careful because the plant stem can break very easily.
Tenha cuidado porque o caule da planta pode quebrar com muita facilidade.

Lake - Lago
Sea - Mar / **Ocean** - Oceano
Waterfall - Cachoeira
River - Rio / **Canal** - Canal
Swamp - Pântano
Mountain - Montanha / **Hill** - Morro / **Cliff** - Falésia / **Peak** - Pico
Rainbow - Arco-íris
Clouds - Nuvens
Lightning - Relâmpago / **Thunder** - Trovão
Rain - Chuva / **Snow** - Neve
Ice - Gelo / **Hail** - Granizo
Fog - Nevoeiro / **Dew** - Orvalho
Wind - Vento / **Air** - Ar
Dawn - Amanecer
Sunset - Pôr do sol / **Sunrise** - Nascer do sol

There is a rainbow above the waterfall.
Há um arco-íris acima da cachoeira.
The ocean is bigger than the sea.
O oceano é maior que o mar.
From the mountain, I can see the river.
Da montanha, eu posso ver o rio.
Today we hope to see snow.
Hoje esperamos ver neve.
There aren't any clouds in the sky.
Não há nuvens no céu.
I see the lightning from my window.
Eu vejo o raio da minha janela.
I can hear the thunder from outside.
Eu posso ouvir o trovão do lado de fora.
I want to see the sunset from the hill.
Eu quero ver o pôr do sol da colina.
The lake has a shallow part and a deep part.
O lago tem uma parte rasa e uma parte profunda.
I don't like the wind.
Eu não gosto do vento.
The air on the mountain is very clear.
O ar na montanha é muito claro.
Every dawn, there is dew on the leaves of my plants.
Todo amanhecer, há orvalho nas folhas das minhas plantas.
Is this ice or hail?
Isso é gelo ou granizo?
I can see the volcano.
Eu posso ver o vulcão.

Nature

Sky - Ceu
World - Mundo / **Earth, ground** - Terra
Sun - Sol / **Moon** - Lua / **Crescent** - Crescente / **Full moon** - Lua cheia
Star - Estrela / **Planet** - Planeta
Fire - Fogo
Heat - Calor / **Humidity** - Humidade
Field - Campo / **Soil** - Solo
Agriculture - Agricultura / **Weeds** - Ervas daninhas
Island - Ilha
Cave - Caverna
Park - Parque / **National park** - Parque Nacional
Rock - Rocha / **Stone** - Pedra
Sea shore - Beira-mar / **Seashell** - Concha
Horizon - Horizonte
Ray - Raio
Dry - Seco / **Wet** - Molhado
Deep - Profundo / **Shallow** - Raso
A stick - Um pau
Dust - Poeira

The moon and the stars are beautiful in the night sky.
A lua e as estrelas são lindas no céu noturno.
The earth is a planet, and the sun is a star.
A terra é um planeta e o sol é uma estrela.
The heat today is unbearable.
O calor hoje é insuportável.
At the beach there is fresh air.
Na praia há ar fresco.
I want to sail to the island to see the sunrise.
Eu quero navegar para a ilha para ver o nascer do sol.
Parts of the cave are dry and other parts are wet.
Partes da caverna estão secas e outras partes estão molhadas.
We live in a beautiful world.
Vivemos em um mundo bonito.
There is dust from the fire in the park.
Há poeira do fogo no parque.
I want to collect seashells from the seashore.
Eu quero colher conchas do mar.
There are too many rocks in the soil so it's impossible to use this area as a field for agricultural purposes.
Há muitas rochas no solo, por isso é impossível usar essa área como campo para fins agrícolas.
Why are there so many weeds growing by the swamp?
Por que existem tantas ervas daninhas crescendo no pântano?

ANIMALS - ANIMAIS

Pet - Animal de estimação
Cat - Gato **/ Dog -** Cão / cachorro
Parrot - Papagaio
Pigeon - Pombo
Pig - Porco
Sheep - Ovelha
Cow - Vaca **/ Bull -** Touro
Donkey - Burro **/ Horse -** Cavalo
Camel - Camelo
Mammal - Mamífero
Rodent - Roedor
Mouse - Comundongo **/ Rat -** Una rata
Rabbit - Coelho
Squirrel - Esquilo
Hamster - Hámster
Duck - Pato **/ Goose -** Ganso **/ Turkey -** Peru
Chicken - Frango, **(m)** franga**/ Poultry -** Aves

I have a dog and two cats.
Eu tenho um cachorro e dois gatos.
There is a bird on the tree.
Há um pássaro na árvore.
I want to go to the zoo to see the animals.
Eu quero ir ao zoológico para ver os animais.
My daughter wants a pet horse.
Minha filha quer um cavalo de estimação.
A pig, a sheep, a donkey, and a cow are considered farm animals.
Um porco, uma ovelha, um burro e uma vaca são considerados animais de fazenda.
I want a hamster as a pet.
Eu quero um hamster como animal de estimação.
A camel is a desert animal.
Um camelo é um animal do deserto.
Can I put ducks, geese, and turkeys inside my chicken coop?
Posso colocar patos, gansos e perus dentro do meu galinheiro?
We have rabbits and squirrels in our patio.
Temos coelhos e esquilos em nosso pátio.
It's cruel to keep a parrot inside a cage.
É cruel manter um papagaio dentro de uma gaiola.
There are many pigeons in the city.
Existem muitos pombos na cidade.
Mice and rats are rodents.
Comundongo e ratos são roedores.

Lion - Leão
Hyena - Hiena
Leopard - Leopardo
Panther - Pantera
Cheetah - Chita
Elephant - Elefante
Rhinoceros - Rinoceronte
Hippopotamus - Hipopótamo
Bat - Morcego
Fox - Raposa / **Wolf** - Lobo
Weasel - Doninha
Bear - Urso
Tiger - Tigre
Deer - Cervo
Monkey - Macaco / **(f)** macaca
Sloth - Preguiça
Marsupial - Marsupial

There are a lot of animals in the forest.
Há muitos animais na floresta.
The most dangerous animal in Africa is not the lion, it's the hippopotamus.
O animal mais perigoso da África não é o leão, é o hipopótamo.
A wolf is much bigger than a fox.
Um lobo é muito maior que uma raposa.
Are there bears in this forest?
Existem ursos nesta floresta?
Bats are the only mammals that can fly.
Os morcegos são os únicos mamíferos que podem voar.
It's usually very difficult to see leopards in the wild.
Geralmente é muito difícil ver leopardos na natureza.
Cheetahs are common in certain regions of Africa.
Chitas são comuns em certas regiões da África.
Elephants and rhinoceroses are known as very aggressive animals.
Elefantes e rinocerontes são conhecidos como animais muito agressivos.
I saw a hyena and a panther at the safari yesterday.
Ontem vi uma hiena e uma pantera no safari.
The largest member of the cat family is the tiger.
O maior membro da família dos gatos é o tigre.
Deer hunting is forbidden in the national park.
A caça aos cervos é proibida no parque nacional.
There are many monkeys on the branches of the trees.
Existem muitos macacos nos galhos das árvores.
An opossum isn't a rat but it's a marsupial just like the kangaroo.
Um gambá não é um rato, mas é um marsupial como o canguru.

Animals

Bird - Pássaro
Crow - Corvo
Stork - Cegonha
Eagle - Águia / **Vulture** - Abutre
Owl - Coruja
Peacock - Pavão
Reptile - Réptil
Turtle - Tartaruga
Snake - Cobras / serpente / **Lizard** - Lagartixa, lagarto / **Crocodile** - Jacare
Frog - Rã
Seal - Foca / **Otter** - Lontra
Whale - Baleia / **Dolphin** - Golfinho
Fish - Peixe
Shark - Tubarão
Wing - Asa / **Feather** - Pena
Tail - Cauda / rabo
Fur - Pele
Scales - Escama
Fins - Barbatanas
Horns - Chifres
Claws - Garras

Eagles and owls are birds of prey however vultures are scavengers.
Águias e corujas são aves de rapina, no entanto abutres são catadores.
Crows are very smart.
Os corvos são muito espertos.
I want to see the stork migration in Europe.
Eu quero ver a migração das cegonhas na Europa.
Don't buy a fur coat!
Não compre um casaco de pele!
Butterflies and peacocks are colorful.
Borboletas e pavões são coloridos.
Some snakes are poisonous.
Algumas cobras são venenosas.
Is that the sound of a cricket or a frog?
É o som de um grilo ou rã?
Lizards, crocodiles, and turtles belong to the reptile family.
Lagartos, jacarés e tartarugas pertencem à família dos répteis.
I want to see the fish in the lake.
Eu quero ver peixe no lago.
There was an otter in our canal last week.
Havia uma lontra em nosso canal na semana passada.
A whale is not a fish.
A baleia não é um peixe.

Insect - Inseto
A cricket - Um grilo
Ant - Formiga**/ Termite -** Cupim
A fly - Uma mosca **/ Butterfly -** Borboleta
Worm - Verme
Mosquito - Mosquito, pernilongo / **Flea -** Pulga **/ Lice -** Piolho
Beetle - Escaravelho / besouros
A roach - Uma barata
Bee - Abelha
Spider - Aranha**/ Scorpion -** Escorpião
Snail - Caracol
Invertebrates - Invertebrados
Shrimps - Camarões
Clams - Amêijoas
Crab - Caranguejo
Octopus - Polvo
Starfish - Estrela do mar
Jellyfish - Água-viva

An octopus has eight tentacles.
Um polvo tem oito tentáculos.
Jellyfish is a common dish in Asian culture.
A água-viva é um prato comum na cultura asiática.
The museum has a large collection of invertebrate fossils.
O museu possui uma grande coleção de fósseis de invertebrados.
I want to buy mosquito spray.
Eu quero comprar spray de mosquito.
I need antiseptic for my bug bites.
Preciso de anti-séptico para minhas picadas de insetos.
I hope there aren't any worms, ants, or flies in the bag of sugar.
Espero que não haja vermes, formigas ou moscas no saco de açúcar.
I have crabs and starfish in my aquarium.
Eu tenho caranguejos e estrelas do mar no meu aquário.
Certain types of spiders and scorpions can be dangerous.
Certos tipos de aranhas e escorpiões podem ser perigosos.
I need to call the exterminator because there are fleas, roaches, and termites in my house.
Preciso ligar para o exterminador porque há pulgas, baratas e cupins na minha casa.
Bees are very important for the environment.
As abelhas são muito importantes para o meio ambiente.
Is there a snail inside the shell?
Existe um caracol dentro da concha?
Beetles are my favorite insects.
Besouros são meus insetos favoritos.

RELIGION, CELEBRATIONS, & CUSTOMS
RELIGIÃO, FERIADOS, TRADIÇÕES

God - Deus / **Bible** - Bíblia
Old Testament - Antigo Testamento / **New Testament** - Novo Testamento
Adam - Adão / **Eve** - Eva
Garden of Eden - Jardim do Éden / **Heaven** - Céu / **Angels** - Anjos
Noah - Noé / **Ark** - Arca
To pray - Rezar / **Prayer** - Oração / **Blessing** - Bênção / **To bless** - Abençoar
Holy - Santo / **Faith** - Fé
Moses - Moisés / **Prophet** - Profeta / **Messiah** - Messias / **Miracle** - Milagro
Ten commandments - Dez mandamentos
The five books of Moses - Os cinco livros de Moisés
Genesis - Gênesis / **Exodus** - Êxodo / **Leviticus** - Levítico
Numbers - Números / **Deuteronomy** - Deuteronômio

What is your religion?
Qual é sua religião?
Many religions use the chapel.
Muitas religiões usam a capela.
We have faith in miracles.
Temos fé em milagres.
When do I need to say the blessing?
Quando preciso dizer a bênção?
I must say a prayer for the holiday.
Devo fazer uma oração pelo feriado.
The angels came from heaven.
Os anjos vieram do céu.
Aaron, the brother of Moses, was the first priest.
Arão, o irmão de Moisés, foi o primeiro sacerdote.
The story of Noah's Ark and the flood is very interesting.
A história da Arca de Noé e o dilúvio é muito interessante.
Adam and Eve were the first humans and they lived in the Garden of Eden.
Adão e Eva foram os primeiros humanos e eles viveram no Jardim do Éden.
Moses had to climb up on Mount Sinai to receive the Ten Commandments from God.
Moisés teve que subir o Monte Sinai para receber os Dez Mandamentos de Deus.
The Five Books of Moses are Genesis, Exodus, Leviticus, Numbers, and Deuteronomy.
Os cinco livros de Moisés são Gênesis, Êxodo, Levítico, Números e Deuteronômio.
Moses was considered as the prophet of all prophets.
Moisés foi considerado o profeta de todos os profetas.
My favorite book of the bible is the Book of Prophets.
Meu livro favorito da Bíblia é o Livro dos Profetas.

Christian Religion - Religião Cristã
Church - Igreja/ **Cathedral -** Catedral / **Monastery -** Mosteiro
Catholic - Católico, **(f)** Católica / **Christian -** Cristão, **(f)** Cristã
Christianity - Cristianismo/ **Catholicism -** Catolicismo
Priest - Padre
Jesus - Jesus / **A cross -** Uma cruz
Holy - Santo / **Holy water -** Água benta
To sin - Pecar / **A sin -** Um pecado
Christmas - Natal / **Christmas tree -** Árvore de Natal
Christmas eve - Noite de Natal
New Year - Ano Novo/ **Merry Christmas -** Feliz Natal
Easter - Páscoa
Saint - Santo, **(f)** Santa / **Nun -** Freira
Chapel - Capela
Hell - Inferno / **Devil -** Diabo / **Demons -** Demônios

The church is open today.
A igreja está aberta hoje.
Christians love to celebrate Christmas.
Os cristãos adoram celebrar o Natal.
I need to turn on the lights on my Christmas tree for Christmas Eve.
Preciso acender as luzes da minha árvore de Natal na véspera de Natal.
Two more weeks until Easter.
Mais duas semanas até a Páscoa.
The nuns live in the monastery.
As freiras moram no mosteiro.
Jesus is the son of God.
Jesus é o filho de Deus.
I have a gold necklace with a cross.
Eu tenho um colar de ouro com uma cruz.
The priest read the Holy Bible in front of the congregation.
O padre leu a Bíblia Sagrada em frente à congregação.
I went to pray in the cathedral.
Fui rezar na catedral.
Merry Christmas and Happy New Year to all my friends and family.
Feliz Natal e Feliz Ano Novo a todos os meus amigos e familiares.
Peter is a famous saint in Christianity.
Pedro é um santo famoso no cristianismo.
The priest baptized the baby in the blessed holy water.
O padre batizou o bebê na abençoada água benta.
The devil and the demons are from hell.
O diabo e os demônios são do inferno.
Many schools refuse to teach evolution.
Muitas escolas se recusam a ensinar evolução.

Religion, Celebrations, & Customs

Jew - Judeu/ **(f)** Judia
Judaism - Judaísmo
Hanukkah - Chanucá
Menorah - Menorá
Dreidle - Pião
Passover - Páscoa
Kosher - Kosher
Circumcision - Circuncisão
Synagogue - Sinagoga
Goblet - Cálice/ **Wine** - Vinho
Religious - Religioso / **(f)** religiosa
Monotheism - Monoteísmo
Islam - Islã/ **Muslim** - Muçulmano / **Mohammed** - Mohamed / **Mosque** - Mesquita
Hindu - Hindú
Buddhist - Budista
Temple - Templo

The Jews worship at the synagogue.
Os judeus adoram na sinagoga.
The Bible is a holy book which tells the story of the Jewish nations and includes many miracles.
A Bíblia é um livro sagrado que conta a história das nações judaicas e inclui muitos milagres.
In Judaism, they pray three times a day. Morning prayer, afternoon prayer, and evening prayer.
No judaísmo, eles oram três vezes por dia. Oração da manhã, da tarde e da noite.
Where is the goblet of wine for Rosh Hashana?
¿ Onde está o cálice de vinho para Rosh Hashana?
The three forefathers are Abraham, Isaac, and Jacob.
Os três antepassados são Abraão, Isaque e Jacó.
I have a menorah and a dreidel for Chanukah.
Eu tenho uma menorá e um pião para Chanucá.
Passover is my favorite holiday.
Páscoa é o meu feriado favorito.
We welcome the Sabbath by lighting candles.
Congratulamo-nos com o sábado acendendo velas.
I want to keep kosher.
Eu quero continuar kosher.
To learn about the Holocaust and the concentration camps is very important.
Aprender sobre o Holocausto e os campos de concentração é muito importante.
Muslims worship at the mosque.
Os muçulmanos adoram na mesquita.
In Islam you must pray five times a day.
No Islã, você deve orar cinco vezes por dia.

WEDDING AND RELATIONSHIP
CASAMENTO E RELACIONAMENTO

Wedding - Casamento
Wedding hall - Salão de casamento
Married - Casado
Civil wedding - Casamento civil
Bride - Noiva
Groom - Noivo
Ceremony - Cerimônia
Reception hall - Salão de recepção
Chapel - Capela
Engagement - Noivado
Engagement ring - Anel de noivado
Wedding ring - Aliança
Anniversary - Aniversário
Honeymoon - Lua de mel
Fiancé - Noivo / **(f)** Noiva
Husband - Marido / esposo
Wife - Mujer/ esposa

They are finally married so now it's time for the honeymoon.
Eles finalmente se casaram, agora é hora da lua de mel.
When is the wedding?
Quando é o casamento?
We are having the service in the chapel and the reception in the wedding hall.
Estamos recebendo o serviço na capela e a recepção no salão do casamento.
Our anniversary is on Valentine's Day.
Nosso aniversário é no dia dos namorados.
This is my engagement ring and this is my wedding ring.
Este é o meu anel de noivado e este é a minha aliança de casamento.
He decided to propose to his girlfriend. She said "yes" and now they are engaged.
Ele decidiu propor a sua namorada. Ela disse que sim e agora eles estão noivos.
He is my fiancé now. Next year he will be my husband.
Ele é meu noivo agora. No próximo ano ele será meu marido.
There are three civil weddings at the courthouse today.
Hoje tem três casamentos civis no tribunal.
The bride and groom received many presents.
Os noivos receberam muitos presentes.

Valentine day - Dia dos namorados
Love - Amor / **To love** - Amar
In love - Apaixonado
Romantic - Romântico
Darling - Querida
A date - Encontro amoroso
Relationship - Relacionamento
Boyfriend - Namorado
Girlfriend - Namorada
To hug - Abraçar/ **A hug** - Um abraço
To kiss - Beijar/ **A kiss** - Um beijo
Single - Solteiro/ **(f)** solteira
Divorced - Divorciado / **(f)** divorciada
Widow - Viúvo / **(f)** viúva

I am in love with him.
Eu estou apaixonada por ele.
You are very romantic.
Você é muito romântico.
They have a very good relationship.
Eles têm um relacionamento muito bom.
I am single because I divorced my wife.
Sou solteiro porque me divorciei de minha esposa.
She is my darling and my love.
Ela é minha querida e meu amor.
I want to kiss you and hug you in this picture.
Eu quero te beijar e te abraçar nesta foto.

POLITICS - POLÍTICA

Flag - Bandeira
National anthem - Hino nacional
Nation - Nação
National - Nacional
International - Internacional
Local - Local
Patriot - Patriota
Symbol - Símbolo
Peace - Paz
Treaty - Tratado
State - Estado
County - Condado
Country - País
Century - Século
Annexation - Anexoção
Plan - Plano
Strategic - Estratégico
Decision - Decisão

This is a political movement which has the support of the majority.
Este é um movimento político que tem o apoio da maioria.
This flag is the national symbol of the country.
Esta bandeira é o símbolo nacional do país.
This is all politics.
Isso é tudo política.
There is a difference between state law and local law.
Há uma diferença entre a lei estadual e a lei local.
He is a patriot of the nation.
Ele é um patriota da nação.
Most countries have a national anthem.
A maioria dos países possui um hino nacional.
This is a political campaign to demand independence.
Esta é uma campanha política para exigir independência.
The annexation plan was a strategic decision.
O plano de anexação foi uma decisão estratégica.

Legal - Jurídico
Law - Lei
Illegal - Ilegal
International law - Direito internacional
Human rights - Direitos humanos
Punishment - Castigo
Torture - Tortura
Execution - Execução
Spy - Espião
Amnesty - Anistia
Political asylum - Asilo político
Republic - República
Dictator - Ditador
Citizen - Cidadão
Resident - Residente
Immigrant - Imigrante
Public - Público
Private - Privado
Racism - Racismo
Government - Governo
Revolution - Revolução
Civilian - Civil
Population - População
Socialism - Socialismo
Communism - Comunismo

In which county is this legal?
Em que condado isso é legal?
There were many protests and riots today.
Hoje houve muitos protestos e motins.
The civilian population wanted a revolution.
A população civil queria uma revolução.
The politicians want to ask the president to give the captured spy amnesty.
Os políticos querem pedir ao presidente que dê anistia ao espião capturado.
Although he was the brutal dictator of the republic, in private he was a nice person.
Embora ele fosse o ditador brutal da república, em particular ele era uma pessoa legal.
In some countries torture and execution is a common form of punishment.
Em alguns países, tortura e execução são uma forma comum de punição.
This is a violation of human rights and international law.
Isso é uma violação dos direitos humanos e do direito internacional.
Communism and socialism were popular in the 19th century.
O comunismo e o socialismo eram populares no século XIX.

Politics

President - Presidente
Statement - Declaração
Presidential - Presidencial
Election - Eleição
Poll - Enquete
Campaign - Campanha
Candidate - Candidato
Democracy - Democracia
Movement - Movimiento
Politician - Político
Politics - Política
Campaign - Campanha
To vote - Votar
Majority - Maioria
Independence - Independência
Party - Partido
Veto - Veto
Impeachment - Destituição
Vice president - Vice presidente
Defense Secretary - Secretário de Defesa
Prime minister - Primeiro ministro
Interior minister - Ministro do Interior
Exterior minister - Ministro do Exterior
Convoy - Comboio

They want to appoint him as defense minister.
Eles querem indicá-lo como ministro da Defesa.
Both parties want to veto the impeachment inquiry.
Ambas as partes querem vetar o inquérito de destituição.
I want to see the presidential convoy.
Eu quero ver o comboio presidencial.
In some countries other than the United States, they have a prime minister, interior minister, and exterior minister.
Em alguns países, exepto os Estados Unidos, eles têm um primeiro-ministro, ministro do Interior e ministro do Exterior.
I want to meet the president and the vice president today.
Eu quero conhecer o presidente e o vice-presidente hoje.
I want to go to the election polls to vote for the new candidate.
Quero ir às urnas para votar no novo candidato.
We support democracy and are against fascism and racism.
Apoiamos a democracia e somos contra o fascismo e o racismo.

United Nations - Nações Unidas
Condemnation - Condenação
United States - Estados Unidos
European Union - União Europeia
Coup - Golpe de estado
Treason - Traição
Fascism - Fascismo
Resistance - Resistência
Members - Membros
Captured - Capturado
Ambassador - Embaixador
Embassy - Embaixada
Consulate - Consulado
Biased - Tendenciosola
Unilateral - Unilateral
Bilateral - Bilateral
Resolution - Resolução
Rebels - Rebeldes
Sanctions - Sanções

All the members of the resistance were accused of treason and had to ask for political asylum.
Todos os membros da resistência foram acusados de traição e tiveram que pedir asilo político.
The resolution is biased.
A resolução é tendenciosa.
This was an official condemnation.
Esta foi uma condenação oficial.
The United Nations is located in New York.
As Nações Unidas estão localizadas em Nova York.
I am a United States citizen and a resident of the Brazil.
Eu sou um cidadão dos Estados Unidos e um residente da Brasil.
The ambassador's residence is located near the embassy.
A residência do embaixador fica perto da embaixada.
I need the phone number and address of the consulate.
Eu preciso do número de telefone e endereço do consulado.
Are consular services available today?
Os serviços consulares estão disponíveis hoje?
The international peace treaty needs to include both sides.
O tratado internacional de paz precisa incluir os dois lados.
According to the government, the rebels carried out an illegal coup.
Segundo o governo, os rebeldes realizaram um golpe de estado ilegal.
They must impose sanctions against that country.
Eles devem impor sanções contra esse país.

MILITARY - MILITAR

Army - Exército / **Armed forces** - Forças armadas
Soldier - Soldado / **Troops** - Tropas / **A force** - Uma força
Navy - Marinha
Ground forces - Forças terrestres
War - Guerra
Base - Base / **Headquarter** - Sede
Intelligence - Inteligência
Ranks - Classificações
Sergeant - Sargento / **Lieutenant** - Tenente
The general - O general / **Commander** - Comandante / **Captain** - Capitão
Chief of Staff - Chefe de Gabinete
Enlistment - Alistamento / **Reserves** - Reservas
Terrorism - Terrorismo / **Terrorist** - Terrorista / **Insurgency** - Insurgência
Border crossing - Passagem de fronteira
Refugee - Refugiado / **Camp** - Campo

I want to enlist in the military.
Eu quero me alistar nas forças armadas.
This is a base for military aircraft only.
Esta é uma base apenas para aeronaves militares.
That is the headquarters of the enemy.
Essa é a sede do inimigo.
The Air Force is a branch of the military.
A Força Aérea é um ramo das forças armadas.
They need to enlist reserve forces for the war.
Eles precisam recrutar forças de reserva para a guerra.
Welcome to the border crossing.
Bem-vindo à passagem de fronteira.
Military intelligence relies on important sources of information to provide direction and guidance.
A inteligência militar depende de importantes fontes de informação para fornecer orientação e direção.
The chief of staff was the target of a failed assassination attempt.
O chefe de gabinete foi alvo de uma tentativa fracassada de assassinato.
The sniper killed the highest-ranking lieutenant.
O atirador matou o tenente de mais alta patente.
The terrorist group claimed responsibility for the car-bomb attack at the refugee camp.
O grupo terrorista assumiu a responsabilidade pelo ataque com carro-bomba no campo de refugiados.
It's impossible to defeat terrorism because it's an ideology.
É impossível derrotar o terrorismo porque é uma ideologia.

Air strike - Ataque aéreo / **Air force** - Força aérea
Fighter jet - Avião de combate / **Military aircraft** - Aeronave militar
Drone - Drone/ **Stealth technology** - Tecnologia furtiva
Tank - Tanque / **Submarine** - Submarino
Explosion - Explosão
Weapon - Arma / **Grenade** - Granada / **Mine** - Mina/ **Bomb** - Bomba
Sniper - Atirador de elite/ **Gun** - Arma/ **Rifle** - Espingarda, rifle
Bullet - Bala / **Ammunition** - Munição
Missile - Míssil/ **Mortar** - Argamassa
Anti tank missile - Misil antitanque
Anti aircraft missile - Míssil antiaéreo
Shoulder fire missile - Míssil de tiro ao ombro
Artillery - Artilharia/ **Artillery shell** - Artilharia
Precision guided missile - Míssil guiado de precisão
Ballistic missile - Míssil balístico
Atomic bomb - Bomba atômica
Weapon of mass destruction - Arma de destruição em massa
Chemical weapon - Arma química
Flare system - Sistema de flare
Supply - Fornecimento/ **Storage** - Armazenamento
Armor - Armadura

The M-16 is a US-made rifle.
O M-16 é um rifle fabricado nos EUA.
The tank fired artillery shells.
O tanque disparou projéteis de artilharia.
Shoulder-fired missiles are extremely dangerous and are hard to defend against.
Mísseis de ombro são extremamente perigosos e difíceis de defender.
The flare system is meant as a defense against anti-aircraft missiles.
O sistema de flare é uma defesa contra mísseis antiaéreos.
The navy is able to intercept missiles.
A marinha é capaz de interceptar mísseis.
At the terrorist safe-house, guns, bullets, and grenades were found.
No esconderijo terrorista, foram encontradas armas, balas e granadas.
The coalition forces struck an enemy arms depot.
As forças da coalizão atingiram um depósito de armas inimigo.
An intense missile attack was carried out against the supply forces that resulted in many casualties.
Um ataque intenso de mísseis foi realizado contra as forças de suprimento que resultaram em muitas baixas.
The terrorist group fired ballistic missiles at the nuclear facility site.
O grupo terrorista disparou mísseis balísticos no local da instalação nuclear.
Atomic bombs and chemical weapons are weapons of mass destruction.
Bombas atômicas e armas químicas são armas de destruição em massa.

Military

A target - Um alvo/ **To target** - Atingin o alvo
An attack - Um ataque / **To attack** - Atacar
Intense - Intenso
To shoot - Atirar
Open fire - Fogo aberto / **Fired** - Disparou
Assassination - Assassinato / **Assassin** - Assassino
Enemy - Inimigo
Reconnaissance - Reconhecimento / **To infiltrate** - Infiltrar
Invasion - Invasão
Exchange of fire - Troca de fogo
A cease fire - Um cessar-fogo / **Withdrawal** - Retirada
To defeat - Derrotar / **To surrender** - Render se
Victim - Vítima / **Injury** - Lesão/ **Wounded** - Ferida
Deaths - Mortes/ **Killed** - Mortos/ **To kill** - Matar
Prisoner of war - Prisioneiro de guerra / **Missing in action** - Desaparecidos em ação
Act of war - Ato de guerra / **War crimes** - Crimes de guerra
Defense - Defesa
Attempt - Tentativa

There is an invasion of ground forces.
Há uma invasão de forças terrestres.
The soldier wanted to open fire and shoot at the invading forces.
O soldado queria abrir fogo e atirar nas forças invasoras.
The bomb attack was considered an act of aggression and an act of war.
O ataque à bomba foi considerado um ato de agressão e um ato de guerra.
The reconnaissance drone managed to infiltrate deep within enemy territory.
O drone de reconhecimento conseguiu se infiltrar nas profundezas do território inimigo.
The airstrike targeted an ammunition storage site.
O ataque aéreo atingiu um local de armazenamento de munição.
The mortar attack and exchange of fire caused injuries and deaths on both sides.
O ataque com morteiros e a troca de tiros causaram ferimentos e mortes de ambos os lados.
First, we need to clear the mines.
Primeiro, precisamos limpar as minas.
The ceasefire agreement included the release of prisoners of war.
O acordo de cessar-fogo incluía a libertação de prisioneiros de guerra.
The army made a public statement to announce the withdrawal.
O exército fez uma declaração pública para anunciar a retirada.
There was a huge explosion as a result of the terrorist attack.
Houve uma enorme explosão como resultado do ataque terrorista.
The commander of the insurgency was accused of serious war crimes.
O comandante da insurgência foi acusado de graves crimes de guerra.
Several of the submarine sailors were missing in action.
Vários marinheiros do submarino estavam desaparecidos em ação.

Basic Grammatical Requirements of the Portuguese Language

Feminine and Masculine & Plural and Singular

In the Portuguese language, there are plural and singular words, as well as masculine and feminine words. For example, the article "the," for Portuguese words ending with an *a, e,* and *i,* will usually be deemed to be feminine, the article will usually be *a*. Nouns ending with an *o* will generally be masculine, and the article will usually be *o*. The article "the" in plural form is *os* for the masculine form, and *as* for the feminine form. "The boy" is *o (*the*) menino (*boy*).* "The girl" is *a menina,* "the boys" is *os meninos,* and "the girls" is *as meninas.*

The conjugation of the article "a" (*um* and *uma*) is determined by masculine and feminine form: "a car" / *um carro* or "a house" / *uma casa.*

The conjugation for "this" (*esta, este, estes,* and *estas*) and "that" (*esse, essa, esses,* and *essas*). This, *este* is masculine, *este livro* ("this book"). Feminine is *esta,* for example, *esta casa* ("this house"). *Estes livros* ("these books") and *estas casas* ("these houses") are the plural forms. "That," *esse,* is masculine, *esse livro* ("that book"). Feminine is *essa, essa cadeira* ("that chair"). In plural, that is *esses livros* (these books) and *essas cadeiras* ("these chairs").

"Of" has singular and plural forms as well: *do* and *dos.*

Isso and *isto* are neuter pronouns, meaning they don't have a gender. They usually refer to an idea or an unknown object that isn't specifically named. For example, "that" is *isto.*

* *isto é* / "that is"
* *por isso* / "because of that"

"This" is *isto.*

* *isto esta bom* / "this is good"
* *o que é isto?* / "what is this?"

In regards to "my," singular and plural form exists as well as feminine and masculine. *Meu* is masculine, *minha* is feminine, *meus* is masculine plural, and *minhas* is feminine plural.

* "my chair" / *minha cadeira* / * "my chairs" / *minhas cadeiras*
* "my money" / *meu dinheiro* / * "my papers" / *meus papéis*

With regard to "your," *teu* (masculine) and *tua* (feminine), plural *teus* and *tuas.* Example in masculine and feminine singular:

* *teu carro* / "your car"
* *your house* / "*tua casa*"

The plural *teus carros* and *tuas casas.*

Temporary and Permanent

The different forms of "is" are *é* and *está*. When referring to a permanent condition, for example, "she is a girl" / *ela é uma menina,* you use *é*. For temporary positions, "the girl is doing well today" / *a menina está muito bem hoje,* you use *está*.

"You are" / "are you" could mean *estas*, and it could also mean *tu eres*. An example of temporary position is "How are you today?" / *"Como você está?"* as well as "you are here" / *está aqui*.

Another example of permanent position is "are you Mexican?" / *você é Mexicano?* in addition to "You are a man!" / *você é um homem!*

* **"I am"**—*estou* and *eu sou. Eu sou* refers to a permanent condition: "I am Italian" / *eu sou Italiano.* Temporary condition would be "I am at the mall" / *estou no mall.*

* **"We are"**—*somos* (permanent) and *estamos* (temporary). *Nós somos brasileiros* / "we are Brazilian" and *nós estamos no parque* / "we are at the park."

* **"Are"**—*são* (permanent) and *estão* (temporary). *Eles são Chilenos* / "they **are** Chileans" and *eles estão no carro* / "they are in the car."

Synonyms and Antonyms

There are three ways of describing time.

Vez / vezes—"first time" / *primeira vez* or "three times" / *três vezes*

Tempo—"during the time of the dinosaurs" / *durante o tempo dos dinossauros*

Hora—"What time is it?" / *Que hora são?*

Que has four definitions.

"What"—*O que é isso?* / "What is this?"

"Than"—*Eu estou melhor que você* / "I am better than you"

"That"—"I want to say that I am near the house" / *eu quero dizer que estou perto da casa*

"I must" / "I have to"—*Tenho que.* The verb *ter,* "to have," whether it's in conjugated or infinitive form, if it's followed by another verb, then *que* must always follow.

For example: I have to swim now, *tenho que nadar agora.*

Deixar has two definitions.

"To leave"—*Eu quero deixar isto aqui* / "I want to leave this here." *Deixar* is "to leave" something, but when saying "to leave" as in "going," it's *sair*, for example, "I want to leave now" / *quero sair agora*.

"To allow"—*Deixar* could also mean to "allow."

There are two ways of describing "so."

"So"—*então*. Using it to replace "then." "So I need to know." / *Então preciso saber*.

"So"—*tão. Isso é tão distante.* / "This is so far."

Verb Conjugation in First Person

"I" / *Eu* before a conjugated verb isn't required. For example, *Eu preciso saber a data* / "I need to know the date" can be said *Preciso saber a data*, because *preciso* already means "I need," in conjugated form. Although saying *Eu* isn't incorrect! The same can also be said with *você / tu; ele / ela; nós; eles / elas,* in which they aren't required to be placed prior to the conjugated verb, but if they are, then it isn't wrong.

Combinação e contração

In Portuguese, certain words can connect, creating one syllable. For example, the article "the," in masculine form *o*, feminine form *a*:

*In(em)+the(o)=**no**, in the car, **no** carro*

*em+a=**na**, in the house, **na** casa*

*In(em) and this(essa), **em+essa; nessa;** In this house, **nessa** casa*

*In this car; **em+esse; nesse** carro*

***em+este** = **neste; neste** carro*

***em+esta** = **nesta** casa*

In(em) his(ele) = *nele; in his car,* **nele** *carro*

In(em) her(ela) = *nela; in her house,* **nela** *casa*

Our house, **Nossa** *casa* / *Our car,* **Nosso** *carro*

His car, ***de+ele*** = *carro* ***dele*** / *her car, carro* ***dela***

Their car, carro ***deles*** / *(fem) their car* / *carro* ***delas***

Of and *this* can connect as well creating one syllable,

de+isso; *I need this, eu preciso* ***disso***

de+esse; *from this side,* ***desse*** *lado*

de+esses; *these men,* ***desses*** *homes*

de+essas; *these women,* ***dessas*** *mulheres*

de+isso = ***disto***

de+aqui = ***daqui***

de+onde = ***donde***

de+outro = ***doutro***

Reading and Pronunciation

Ã can be pronounced as either "uh" or "un" however it must be nasalized. *Cão* pronounced as sun-o.

Ç is pronounced like "s," whenever it precedes *a, o,* or *u. Criança* is pronounced as "criansa."

D is pronounced as "dj" whenever preceding an *i* or an *e. Tarde* is pronounced as "tardje." *Dia* is pronounced as "gia."

H is silent except when followed by an *n*.

L is pronounced as "ee-oo" whenever it follows an *a* or *i. Brasil* is pronounced as "Bra-zee-oo."

M is pronounced as a soft "m" whenever it's the last letter of a word. One trick for pronunciation is saying it without closing your lips.

R is pronounced as an "h" if it's the first letter of the word. *Roberto* is "Hoberto." Whenever *r* is the last letter of a word, then it's pronounced very softly.

S is pronounced like a "z" whenever it's between vowels or when it's at the end of the word. *Português* is pronounced as "Portuguêz."

T is pronounced as "tchi" whenever preceding an *e* or an *i. Contigo* is pronounced as "contchigo."

U is pronounced like "oo."

W is pronounced like a "v." *William* is pronounced as "Villiam."

X is usually pronounced as "ch" whenever preceding a vowel. *Deixar* is pronounced as "deis har." Whenever preceding a consonant, *X* is usually pronounced as "s." *Exterior* is pronounced as "esterior." When between vowels, *X* is usually pronounced as "ks." *Fixo* is "fikso." For words that begin in *ex* or *hex*, followed by a vowel, the *x* is pronounced like a *z. Hexágono* is "hezágono." But in Portuguese, *x* is one of those letters where there are no set rules for its pronunciation!

Z is pronounced as a "ss" whenever it's at the end of a word. *Alvarez* is pronounced as "Alvaress."

Diphthongs
ai - is pronounced like the *ie* in *pie*
ão – ("a with a tilde and o") is pronounced like the *ow* in *clown*
au - is pronounced like the *ow* in *now*
ei - is pronounced like the *ay* in *pay*
eu - is pronounced as *ay-oo* like the *ay* in *hay* + the *oo* in *boot*
ho - is pronounced like a soft *o*
ia - is pronounced *ee-ah* like the *ee* in *feet* + the *a* in *father*
ie - is pronounced like the *e* in *yes*
io - is pronounced *ee-oh*
iu - is pronounced *ee-oo* like the *ee* in *meet* + the *oo* in *loot*
oi - is pronounced "closed" like the *oy* in *toy*
ou - is pronounced like the *ow* in *glow*
õ - is pronounced nasalized
ua - is pronounced like the *oo-ah* in *watch* minus the *w* sound
ue - is pronounced *oo-eh* like the *oo* in *loot* and the *ay* in *day*
ui - is pronounced like *oo-ee* the *oo* in *loot* and the *ee* in *meet*
uo - is pronounced like the *uo* in *quota*

Diagraphs
lh - is pronounced like *lli* in *alligator*
nh - is pronounced like *ni* in *minion*; or like *mañana* in Spanish
rr - pronounced like *h as in english, terra* will be pronounced *teh-ha*

Accents
Á – ("A with an acute accent") is pronounced like the *y* in *fly*, when at the end of the word pronounced like *a* in *another*
À – ("A with a grave accent") is pronounced like the *a* in *another*
Â – ("A with a circumflex accent") is pronounced like a long *a*
É – (E with an acute accent) is pronounced like the *a* in *many*
Ê – (E with a circumflex accent") pronounced like a long *e*
Í – (I with an acute accent) is pronounced like the *e* in *embrace*
Ô – ("O with a circumflex accnet") is pronounced like a long *o*
Ó – (O with an acute accent) is pronounced like *oy*. However, when it's the last letter of word then it's like *u* in *jump*
Ú – (U with an acute accent or U with circumflex accent) is pronounced like the *oo* in *loot*.

Conclusion

You have now learned a wide range of sentences in relation to a variety of topics such as the home and garden. You can discuss the roof and ceiling of a house, plus natural disasters like hurricanes and thunderstorms.

The combination of sentences can also work well when caught in a natural disaster and having to deal with emergency issues. When the electricity gets cut you can tell your family or friends, "I can only light this candle now." As you're running out of the house, remind yourself of the essentials by saying, "I need to bring my keys with me."

If you need to go to a hospital, you have now been provided with sentences and the vocabulary for talking to doctors and nurses and dealing with surgery and health issues. Most importantly, you can ask, "What is the emergency number in this country?" When you get to the hospital, tell the health services, "The hurricane caused a lot of destruction and damage in its path," and "We used the hurricane shelter for refuge."

The three hundred and fifty words that you learned in part 1 should have been a big help to you with these new themes. When learning the Portuguese language, you are now more able to engage with people in Portuguese, which should make your travels flow a lot easier.

Part 3 will introduce you to additional topics that will be invaluable to your journeys. You will learn vocabulary in relation to politics, the military, and the family. The three books in this series all together provide a flawless system of learning the Portuguese language. When you visit Brazil you will now have the capacity for greater conversational learning.

When you proceed to Part 3 you will be able to expand your vocabulary and conversational skills even further. Your range of topics will expand to the office environment, business negotiations and even school.

Please, feel free to post a review in order to share your experience or suggest feedback as to how this method can be improved.

NOTE FROM THE AUTHOR

Thank you for your interest in my work. I encourage you to share your overall experience of this book by posting a review. Your review can make a difference! Please feel free to describe how you benefited from my method or provide creative feedback on how I can improve this program. I am constantly seeking ways to enhance the quality of this product, based on personal testimonials and suggestions from individuals like you. In order to post a review, please check with the retailer of this book.

Thanks and best of luck,

Yatir Nitzany

www.ingramcontent.com/pod-product-compliance
Lightning Source LLC
Chambersburg PA
CBHW052124070526
44586CB00016B/2077